"Da mesma forma que algumas pessoas extraem o melhor de você e outras extraem o pior, você pode tirar a melhor parte do pior de cada pessoa. É uma questão de entender de onde elas vêm e o que significa trabalhar com elas."

"A comunicação é como um número de telefone. Se você esquecer de discar um único dígito, ou se inverter o código de área, não completará a ligação. Você precisa discar todos os números – e precisa fazer isso na ordem certa, para obter sucesso."

APRENDENDO A LIDAR COM PESSOAS DIFÍCEIS

24 lições para transformar suas relações no trabalho

Dr. Rick Brinkman
Dr. Rick Kirschner

SEXTANTE

Título original: *Dealing with Difficult People*

tradução: Eduardo Refkalefsky
preparo de originais: Débora Chaves
revisão: Sérgio Bellinello Soares e Tereza da Rocha
projeto gráfico e capa: Cristiano Menezes
diagramação: Marcia Raed
fotolitos: R R Donneley
impressão e acabamento: Yangraf Gráfica e Editora Ltda.

CIP-BRASIL. CATALOGAÇÃO-NA-FONTE
SINDICATO NACIONAL DOS EDITORES DE LIVROS, RJ

B87a

Brinkman, Rick
Aprendendo a lidar com pessoas difíceis / Rick Brinkman e Rick Kirschner; tradução de Eduardo Refkalefsky. – Rio de Janeiro: Sextante, 2006.
(Desenvolvimento profissional)

Tradução de: Dealing with difficult people
ISBN 85-7542-225-1

1. Relações humanas. 2. Comunicação interpessoal. 3. Psicologia industrial. I. Kirschner, Rick. II. Título. III. Série.

06-1611 CDD 150.2
CDU 159.9:316.47

Rua Voluntários da Pátria, 45/1.404 – Botafogo
22270-000 – Rio de Janeiro – RJ
Tel.: (21) 2286-9944 – Fax: (21) 2286-9244
E-mail: atendimento@esextante.com.br

SUMÁRIO

LIDANDO COM PESSOAS DIFÍCEIS

Pessoas difíceis são aqueles tipos insuportáveis que se recusam a fazer as coisas do jeito que você quer, ou melhor, que fazem exatamente o que você *não* quer que elas façam – e você não sabe o que fazer com elas!

Boas notícias: você não precisa mais ser vítima desse tipo de pessoa. Já que você não pode mudar as pessoas difíceis, pode ao menos influenciá-las de modo que elas próprias decidam mudar a si mesmas.

Neste livro estão definidas as quatro áreas-chave nas quais você precisa se concentrar para resolver o seu problema com pessoas desse tipo. O primeiro passo é detalhar os "10 comportamentos mais indesejáveis" e examinar as forças que levam alguém a agir dessa forma.

O segundo passo é construir uma "lente" para entender por que as pessoas agem dessa maneira. Sua habilidade para reconhecer as quatro intenções comportamentais é uma ferramenta fundamental para influenciar as pessoas a mudarem positivamente o seu comportamento.

A seguir, vamos nos concentrar em sobreviver por meio de uma comunicação mais ágil. Isto significa, entre outras coisas, combinar as decisivas habilidades de *harmonização* e *redire-*

cionamento. Você vai conhecer técnicas que vão ajudá-lo a ouvir para realmente entender – alcançando, dessa forma, uma compreensão profunda. Você vai aprender também novas maneiras de falar para ser facilmente entendido.

Ao incorporar essas habilidades de comunicação ao seu repertório, você terá o domínio estratégico necessário para encarar mesmo as pessoas mais difíceis. E estará apto a evitar que esse tipo de comportamento problemático se repita.

Depois disso, discutiremos cada um dos 10 comportamentos mais indesejáveis. Ao final, vamos sugerir como obter o melhor resultado com cada um deles e encorajá-lo a começar *imediatamente*, propondo até mesmo algumas ações concretas para você começar a lidar melhor com as pessoas que lhe incomodam.

Então, quem somos "nós"? Nós somos médicos, amigos e parceiros de negócios. Estudamos a saúde do ponto de vista da atitude e do comportamento. Há muito tempo já nos convencemos de que as pessoas se *sentem melhor* quando esclarecem seus valores, atualizam seus conceitos, aprendem técnicas efetivas de comunicação e relaxamento, definem e atingem suas metas. Nossa experiência comprova que, conforme a saúde mental e emocional melhora, muitos sintomas físicos desaparecem.

Em 1982, criamos um programa sobre como lidar com pessoas difíceis, sob encomenda de uma instituição de saúde mental, que marcou o início de um processo que resultou neste livro – e mudou a maneira como nós definimos o que fazemos. Passamos a considerar que prestamos um serviço à comunidade, na medida em que, ao mesmo tempo em que aprimoramos o nosso conhecimento sobre as pessoas, promovemos sua saúde e seu bem-estar por meio do ensino de algumas habilidades essenciais à vida.

Por mais de duas décadas, temos entrado em contato com as esperanças e os temores das pessoas, como elas constroem ou destroem a própria vida, como se comunicam e qual a melhor maneira de lidar com suas dificuldades. Acreditamos que as idéias contidas neste livro possam melhorar significativamente sua qualidade de vida.

Existem pessoas difíceis e todos têm de saber conviver com elas: Nós identificamos 10 tipos de comportamentos problemáticos. Você pode fazer a sua própria lista de "piores entre os piores".

Há formas eficazes de lidar com essas pessoas: É sobre isso que trata este livro.

"Este livro o ajudará a identificar e relacionar elementos para uma comunicação eficaz. Você pode utilizá-los e se tornar um dos poucos que conseguem tirar o melhor do pior de cada pessoa."

EVITE OU IGNORE PESSOAS DIFÍCEIS

OS 10 COMPORTAMENTOS MAIS INDESEJÁVEIS

Quais são os 10 comportamentos mais indesejáveis? Todos nós respondemos a essa pergunta com pequenas diferenças, de acordo com nossas próprias forças e fraquezas. Mas, geralmente, concordamos sobre duas coisas: quais são os tipos de pessoas difíceis de lidar e o que elas fazem para serem consideradas problemáticas. Identificamos ainda como as pessoas normais se comportam quando estão ameaçadas ou pressionadas, ou mesmo quando as circunstâncias não são nada favoráveis.

O tipo "tanque de guerra": Agressivo e rude, escandaloso e poderoso, intenso e com a precisão cirúrgica de um raio laser, a pessoa que faz o tipo "tanque de guerra" acredita que os fins justificam os meios. Se você ficar em seu caminho, será eliminado.

O tipo "atirador de elite": Acostumado a trabalhar de forma dissimulada, o "atirador de elite" certamente guarda algum ressentimento de você. Em vez de sair esbravejando, ele prefere se vingar identificando os seus pontos fracos e usando-os contra você por meio de sabotagem, fofocas e comentários depreciativos.

O tipo "granada": Seus acessos de raiva e de fúria, em geral, são desproporcionais às circunstâncias, levando todo mundo a se esquivar em busca de proteção mesmo sem entender o que está acontecendo.

O tipo "sabe-tudo": Essa pessoa sabe 98% de tudo. Basta perguntar e ela ficará falando horas a fio sobre tudo o que sabe, mas não perderá um minuto para escutar as idéias "claramente inferiores" que você tem.

O tipo "ele-pensa-que-sabe-tudo": Embora não saibam tanto assim, essas pessoas não deixam que isso as atrapalhe. Se você não conhece muito a respeito do que elas estão falando, podem induzi-lo ao erro ou mesmo atrapalhar a realização de um projeto.

A pessoa "sim": Rápida em concordar, mas lenta em agir, a pessoa que só diz "sim" deixa um rastro de desculpas e promessas não cumpridas. Embora não agrade a ninguém, ela faz de tudo para deixar os outros felizes.

A pessoa "talvez": Quando se depara com uma decisão importante, o tipo "talvez" não consegue tomar nenhuma decisão até que seja tarde demais. Inevitavelmente chega a hora em que a decisão se faz sozinha. Não é falha de ninguém, a não ser do tipo "talvez".

A pessoa "nada": Você não sabe o que se passa na cabeça desse tipo de pessoa porque ela é "invisível" – não dá nenhum feedback, verbal ou corporal.

A pessoa "não": Indolente e desencorajador, o tipo que só fala "não" leva os outros ao desespero. Suas frases prediletas são "Qualquer nuvem no céu é sinônimo de tempestade" e "Não estou sendo negativo, estou sendo realista!".

O "reclamador": Esse tipo mergulha de cabeça nos problemas, reclama incessantemente e arrasta todo mundo para baixo com o peso de suas generalizações. Para ele, está tudo errado e será sempre assim, a não ser que você faça alguma coisa.

Algumas idéias iniciais para lidar com os 10 tipos mais indesejáveis:

Entenda que todo mundo reage diferentemente a cada tipo de comportamento: A pessoa que você considera mais irritante pode ser aceita perfeitamente pelos outros.

Conheça os tipos: Pense sobre as pessoas à sua volta. Alguém no trabalho ou em casa se encaixa nesses perfis?

Reconheça o papel que você desempenha: Todos nós temos nossos momentos difíceis. A compreensão desse comportamento por si só nos ajuda a ter sucesso com os outros.

"Há um consenso sobre quem é considerado difícil e o que esse tipo de pessoa faz para que todo mundo o considere tão pouco agradável."

REAJA INSTINTIVAMENTE

ESCOLHA A MELHOR FORMA DE AGIR

Antes de prosseguirmos, precisamos enfatizar que há pelo menos quatro formas de lidar com pessoas difíceis. Não existe uma fórmula mágica: você é o melhor juiz para determinar qual é a melhor resposta para cada situação. Mas, como você verá, acreditamos que a primeira dessas quatro escolhas seja, de fato, uma *não*-escolha.

Veja quais são as quatro formas de lidar com as pessoas insuportáveis:

Não reaja: Isso não significa necessariamente ter uma atitude passiva; pode implicar tanto o sofrimento quanto a reclamação em relação às outras pessoas. Mas não reagir é perigoso porque pode deixar as pessoas difíceis frustradas. E reclamar com quem não tem poder algum tende a reduzir o moral e a produtividade, além de adiar a ação efetiva.

Afaste-se: Às vezes, a melhor opção é se afastar. Nem todas as situações podem ser solucionadas, sendo que, algumas delas, nem vale a pena resolver. Afastar-se faz sentido quando já se esgotaram todas as possibilidades de lidar com a pessoa. Se a situação está se deteriorando, se tudo o que você faz ou diz só piora as coisas e se você sente que está quase perdendo o controle, lembre-se de que a discrição é a parte mais importante da bravura. Então, seja vitorioso. Como disse Eleanor Roosevelt, "ninguém pode rebaixá-lo sem sua permissão". Entretanto, antes de decidir retirar-se, considere as duas outras opções.

Mude sua postura: Mesmo que a pessoa difícil resista a mudar seu próprio comportamento, você pode aprender a vê-la e escutá-la de uma outra forma e até se sentir diferente em relação a ela. Pequenas mudanças em sua própria postura proporcionarão uma nova visão desse tipo de pessoa.

Mude seu comportamento: Quando você muda o jeito de lidar com as pessoas difíceis, elas acabam tendo de aprender novas maneiras de lidar com você. Existem estratégias efetivas para lidar com a maioria dos problemas de comportamento. É disso que trata este livro.

Em resumo:

Perceba que os comportamentos problemáticos se enquadram em tipos, mas cada situação é única: Você precisa decidir qual a resposta mais adequada para cada situação.

Evite tentar não reagir: Essa estratégia provavelmente não se sustenta. Se a situação for muito ruim, você terá de agir.

Mude sua postura, depois sua atitude: Às vezes, uma única mudança de atitude é o suficiente. Mas é *sempre* um pré-requisito obrigatório para a tarefa mais difícil, que é mudar seu comportamento.

"Não se desespere. Lembre-se de que há sempre uma opção quando se lida com pessoas difíceis – na realidade, você tem pelo menos quatro opções."

ENTENDA AS QUATRO INTENÇÕES

O primeiro passo para você mudar sua atitude em relação aos 10 comportamentos mais indesejáveis é entendê-los. A chave são as quatro intenções usadas como resposta para situações com dois tipos de variáveis: *nível de assertividade* e *foco de atenção.*

Dependendo da situação, as pessoas podem ser mais passivas (menos assertivas) ou mais agressivas (mais assertivas). Durante períodos de mudanças, dificuldades ou estresse, as pessoas tendem a sair da normalidade, a chamada "zona de conforto", tornando-se mais passivas ou mais agressivas.

O foco de atenção em determinada situação pode voltar-se para a tarefa em questão ou para os relacionamentos. Em tempos difíceis ou estressantes, as pessoas se direcionam ou para "o que" (foco na *tarefa*) ou para "quem" (foco nas *pessoas*).

Agora reúna as duas variáveis. Uma pessoa pode focar a atenção nas *pessoas* de forma agressiva (por exemplo, brigando), assertiva (se envolvendo) ou passiva (submissão). Da mesma forma, elas podem direcionar o foco para as *tarefas* de forma agressiva (determinação corajosa), assertiva (envolvimento) ou passiva (retirada).

Todos nós temos uma "zona de conforto" mais ou menos aceitável. Desafios, dificuldades ou estresse podem nos retirar dessa normalidade e nos induzir a um comportamento exagerado.

Todo comportamento, seja aceitável ou problemático, tem uma intenção ou um objetivo básico a ser atingido. Identificamos quatro intenções gerais que determinam como as pessoas reagem em qualquer situação:

- Finalizar a tarefa
- Fazer a coisa certa
- Integrar-se às pessoas
- Ser reconhecido

Essas não são as únicas intenções que motivam as pessoas. Mas elas servem como uma ferramenta prática e bastante útil para entender e lidar com os comportamentos difíceis. Quando essas intenções são ameaçadas ou frustradas, os problemas aparecem e podem até chegar a extremos, causando as dificuldades já mencionadas.

A figura abaixo mostra como as intenções se relacionam com os comportamentos.

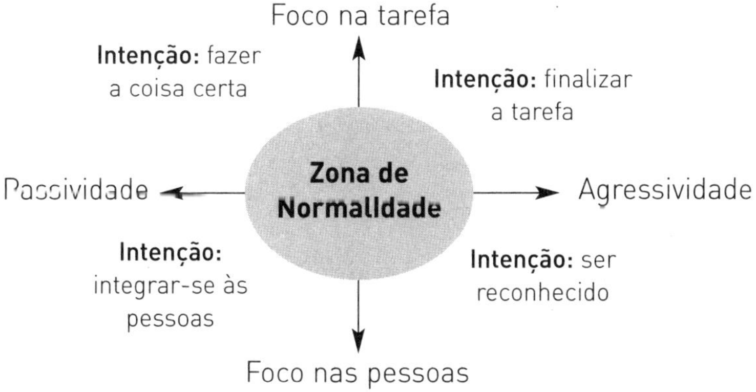

As intenções mudam constantemente, de acordo com as pessoas e as situações, e essa instabilidade causa alterações no comportamento. Por isso, você deve:

Entender as quatro intenções: Todas elas têm hora e lugar em nossas vidas. Quando conseguimos equilibrá-las, temos mais sucesso e menos estresse.

Manter-se atento aos padrões de comunicação (palavras, tom de voz e linguagem corporal): Eles revelam a intenção básica das pessoas difíceis e indicam como lidar com elas.

Não seja uma pessoa difícil: Ao ter suas intenções frustradas, você pode se tornar uma pessoa problemática. Quanto mais você sabe por que as pessoas agem de determinada maneira, mais pode mudar a si mesmo.

"Você já se surpreendeu com a rapidez com que o comportamento de uma pessoa pode mudar?"

O COMPORTAMENTO QUE PREJUDICA

A PRIMEIRA INTENÇÃO: FINALIZAR A TAREFA

Pense na última vez em que você precisou realizar uma tarefa. Quando você precisa *fazer algo acontecer*, seu foco está na tarefa imediata. E quando você *realmente* precisa que ela seja realizada, acaba apressando as coisas, investindo na ação propriamente dita e cobrando responsabilidades de si mesmo. Você pode até tornar-se insensível e agressivo, tirando conclusões antes de observar a situação e falando sem pensar. É como se as pessoas à sua volta perdessem importância.

Quando o desejo de realizar as coisas é frustrado, a percepção das pessoas diante de determinada situação pode ficar distorcida. De repente, bate a sensação de que os outros estão perdendo tempo, saindo pela tangente ou batendo papo em vez de trabalhar. *A intenção aumenta de intensidade e o comportamento subseqüente se torna mais controlador.*

Os três comportamentos indesejados relacionados à necessidade de controle são o "tanque de guerra", o "atirador de elite" e o "sabe-tudo".

O "tanque de guerra": Quando está numa missão de *finalizar a tarefa*, o tanque de guerra é incapaz de reduzir a velocidade. Ou seja: ele pode tirá-lo do caminho ou mesmo atropelá-lo no decorrer do processo, se isso for necessário. Na ânsia de controlar o processo e cumprir a missão, a pessoa-tanque não se acanha de passar por cima de você, embora não haja nada pessoal em jogo: você apenas ficou no caminho. O comportamento de um "tanque de guerra" varia entre a pressão moderada e a agressão declarada.

O "atirador de elite": Quando as coisas lhe desagradam, ele tenta assumir o controle por meio do constrangimento e da humilhação. Como a maioria das pessoas vive com medo do desconforto diante dos outros, o "atirador de elite" usa essa vulnerabilidade a seu favor. Ele é o rei das frases maliciosas e dos comentários sarcásticos.

O "sabe-tudo": Esse tipo controla as pessoas e as situações dominando a conversa com argumentos longos e autoritários. Também desacredita seus opositores ao explorar as falhas e inconsistências dos pontos de vista deles. Como o "sabe-tudo" é culto e competente, muitas pessoas se rendem a seus argumentos e acabam abandonando o campo de batalha.

As intenções mudam ao longo do tempo. Você pode começar uma tarefa com a intenção de *fazer a coisa certa*, mas, quando percebe que os prazos estão se esgotando, muda o foco para *finalizar a tarefa*. Quando você começa um novo trabalho, pode se direcionar mais para *se integrar às pessoas*, mas, com o passar do tempo, pode preferir *ser reconhecido* pelos outros.

Os pontos-chave:

Entenda que os comportamentos por vezes são causados pela intenção de finalizar a tarefa: Isto não é necessariamente ruim ou inapropriado. Na verdade, pode até ser algo positivo.

Conheça a dinâmica da intenção de finalizar a tarefa: Ela leva as pessoas a focar nas tarefas e a trabalhar mais rápido. Mas elas podem se tornar desleixadas, começar a tratar as outras pessoas como se não tivessem importância e agir agressivamente.

Reconheça que a intenção de finalizar a tarefa pode levar a um comportamento controlador: Essa intenção pode se manifestar na violência do "tanque de guerra", nos comentários virulentos do "atirador de elite" ou nas aulas autoritárias do "sabe-tudo". O que todos têm em comum é o desejo de controlar você e a situação.

"Quando você precisa executar uma tarefa,
seu foco está nas ações imediatas.
Qualquer percepção sobre as pessoas
é secundária ou desnecessária porque você
tende a acelerar, a agir... a afirmar. Você pode
até se tornar descuidado e agressivo."

A SEGUNDA INTENÇÃO: FAZER A COISA CERTA

Fazer a coisa certa é outra intenção focada na tarefa que influencia o comportamento. Você já procurou evitar um erro fazendo todo o possível para prevenir que ele acontecesse? Quando a prioridade é fazer tudo corretamente, você reduz o ritmo para observar cuidadosamente os detalhes antes de seguir em frente – se é que vai conseguir avançar. Você pode evitar a tomada de decisão porque se sente inseguro sobre o resultado.

Quando a vontade de *fazer a coisa certa* é ameaçada, ou não se realiza, tudo em volta da pessoa começa a parecer imprevisível e fora de controle. Para piorar, as pessoas parecem lidar com essa situação de forma vaga.

Quando a intensidade chega a um determinado nível, o resultado é um comportamento demasiadamente perfeccionista e pessimista. O "reclamador", a pessoa "não" e a pessoa "nada" exemplificam esse comportamento.

O "reclamador": Em nosso mundo imperfeito, o "reclamador" acredita que ele é impotente para empreender mudanças. Oprimido e esmagado pela incerteza que nos envolve, os "reclamadores" abandonam qualquer idéia de solução. Em vez disso, eles se sentem cada vez mais desesperançados e se agarram a qualquer problema que possa ser usado como prova para uma generalização em larga escala. Eles começam a lamentar que "Nada está certo, tudo está errado!". Isso serve apenas para deixar todo mundo louco – e a situação se deteriora, gerando mais uma bateria de lamentações.

A pessoa "não": Ao contrário do "reclamador", a pessoa "não" não se sente desamparada quando as coisas saem erradas – ela se sente desesperançada. Certa de que o errado nunca será corrigido, a pessoa "não" não hesita em proclamar em alto e bom som como se sente. "Esqueça isso, já tentamos antes. Não funcionou daquela vez, nem vai funcionar agora. Você estará se enganando se alguém lhe disser alguma coisa diferente. Desista e evite gastar energia com uma causa perdida." Essa atitude acaba sugando as outras pessoas para o mesmo fosso de falta de esperança.

A pessoa "nada": Quando os projetos não atingem o grau desejado de perfeição, a tendência das pessoas desse tipo é se fechar completamente. Podem até fazer um último comentário sobre os poderes implacáveis que não deixam as coisas darem certo: "Tudo bem! Faça do jeito que você está querendo. Mas não venha reclamar comigo se não funcionar!" Mas, a partir desse momento, a pessoa "nada" não falará nem fará nada.

Os pontos-chave:

Entenda que os comportamentos são muitas vezes causados pela intenção de fazer a coisa certa: Isto não é necessariamente ruim ou inapropriado. De fato, pode ser exatamente o que a situação exige.

Conheça a dinâmica da intenção de *fazer a coisa certa:* As pessoas se concentram em evitar erros e diminuem o ritmo para prestar mais atenção a todos os detalhes. Elas podem não agir porque temem as conseqüências e eventualmente criticam os outros por não serem tão cuidadosos.

Reconheça que a intenção de *fazer a coisa certa* pode levar a comportamentos perfeccionistas: Isto pode ser manifestado por meio do lamento do "reclamador", da negatividade da pessoa "não" ou da passividade da pessoa "nada". O que os une é a certeza de que nada funciona de maneira positiva.

"Quando *fazer a coisa certa* é sua mais alta prioridade, você está propenso a reduzir o ritmo para reparar nos detalhes. Você pode até se recusar a agir por conta de uma dúvida específica sobre as conseqüências."

O COMPORTAMENTO QUE PREJUDICA

A TERCEIRA INTENÇÃO: INTEGRAR-SE ÀS PESSOAS

A terceira intenção é o desejo de *integrar-se às outras pessoas*. Ele é necessário se você quiser estabelecer e desenvolver relacionamentos bem-sucedidos. Se há pessoas com as quais você quer ter uma boa convivência, você pode se tornar menos assertivo, colocando as necessidades e os interesses dos outros acima dos seus. Em outras palavras, desejos pessoais importam menos do que a intenção de se harmonizar com os outros.

O problema surge quando a pessoa que está focada em estabelecer relações interpessoais se sente insegura em relação ao que os outros pensam dela – a tendência é interpretar as reações, os comentários e as expressões faciais de maneira pessoal. *O comportamento se torna cada vez mais direcionado a conquistar a aprovação e evitar a desaprovação.*

Os três comportamentos mais difíceis quando estamos em busca de aprovação são os seguintes: a passividade da pessoa "nada", a benevolência da pessoa "sim" e a indecisão da pessoa "talvez".

A pessoa "nada": Tímida, pouco à vontade e insegura, a pessoa "nada" evita a todo custo falar o que não deve. Como acha que não tem nada de bom a dizer, prefere ficar calada na maior parte das vezes. Em casos extremos, não abre a boca em momento algum. Trata-se de uma estratégia perfeita para prevenir conflitos ou mesmo evitar ferir os sentimentos de outra pessoa, sem deixar ninguém irado. Entretanto, como a pessoa "nada" não consegue interagir de forma natural nem falar de maneira franca, acaba não se relacionando com ninguém.

A pessoa "sim": Agradar a todos. Este é o objetivo da pessoa que só diz "sim". Ela concorda com qualquer solicitação, sem pensar nas conseqüências. Como, em geral, promete muito e realiza pouco, ela deixa as pessoas furiosas. Nas poucas vezes em que cumpre suas promessas, a pessoa "sim" deixa os outros felizes, mas ela mesma se ressente na medida em que todas as suas escolhas foram feitas com base nas demandas dos outros. Isto produz uma ansiedade profunda e muito ressentimento, podendo levar a atos inconscientes de sabotagem.

A pessoa "talvez": Pessoas com esse tipo de personalidade não gostam de ser repreendidas, por isso evitam tomar decisões. Afinal, a escolha errada pode desagradar a alguém e, nesse caso, quem seria o culpado? A solução está em esperar até que a outra pessoa tome a decisão, ou ainda que a decisão se faça sozinha. Com isso, a pessoa "talvez" adia os problemas que precisa resolver – e isso acaba causando tanta frustração e aborrecimento que ela é deixada de lado pelos outros quando os relacionamentos são realmente importantes e significativos.

Os pontos-chave:

Os comportamentos surgem, às vezes, por força da integração com as pessoas: Como veremos nos próximos capítulos, estabelecer uma base comum é uma boa técnica. Mas fundamentar suas ações e sua auto-estima na sua percepção de como os outros o vêem é contraprodutivo.

Conheça a dinâmica da integração entre as pessoas: Quando se sentem inseguras a respeito de como são vistas pelos outros, as pessoas reagem, comentam, mudam a expressão facial e se comportam de uma forma que lhes garanta a sonhada aprovação – ou, pelo menos, evite que sejam criticadas pelos outros.

A busca pela integração com as pessoas pode levar a uma busca pela aprovação: Isto pode aparecer na passividade da pessoa "nada", na afabilidade da pessoa "sim" e na indecisão da pessoa "talvez". Mas o que todos têm em comum é que você, na verdade, não sabe qual é a sua opinião.

"Se a integração com os outros é sua prioridade número 1, suas metas pessoais têm menos importância do que o desejo de se relacionar com as outras pessoas."

O COMPORTAMENTO QUE PREJUDICA

A QUARTA INTENÇÃO: SER RECONHECIDO

A quarta intenção requer declarações confiantes, bem como um foco mais humano, para que o indivíduo possa ser visto, ouvido e reconhecido. O desejo de contribuir com os outros, e *ser reconhecido* por isso, é uma das motivações mais poderosas. Pesquisas mostram que as pessoas que amam seu trabalho – ou maridos e esposas que estejam felizes em seus casamentos – se sentem reconhecidas pelo que são e pelo que fazem.

Quando a intenção de ser reconhecido é distorcida, a falta de um feedback positivo faz com que a pessoa em questão leve tudo para o lado pessoal – especialmente as reações, os comentários e expressões faciais dos outros. A vontade de ser reconhecido se intensifica na mesma proporção da falta de feedback positivo, e o comportamento problemático se torna *cada vez mais direcionado para atrair atenção.*

Os três comportamentos mais difíceis quando se está em busca de reconhecimento são o tipo "granada", o "atirador de elite" e o "ele-pensa-que-sabe-tudo".

O tipo "granada": As pessoas que se encaixam nesse perfil se consideram desrespeitadas ou ignoradas. Quando o silêncio se torna ensurdecedor, cuidado com o temperamento explosivo do tipo granada, que pode ter acessos de fúria de uma hora para outra: "Ninguém aqui se preocupa com isso! Esse é o problema do mundo de hoje. Nem sei por que eu ainda me preocupo com isso!" (Enquanto a pessoa "tanque de guerra" atira em um único alvo, o "granada" explode, fora de controle, em todas as direções: os "ataques" do granada podem não ter nenhuma relação com as circunstâncias do momento.) Como o comportamento desesperado chama atenção negativamente, o "granada" terá maior probabilidade de explodir na próxima ocasião.

O "atirador de elite" amigável: Esse personagem é uma variante do atirador de elite inimigo (que tenta destruir seu autocontrole). Ele gosta de você. As sessões de tiro ao alvo representam um modo "divertido" de chamar atenção. Muitas pessoas têm relacionamentos que incluem "ataques" amigáveis. Normalmente, a melhor defesa é o ataque, porque, em geral, o contra-ataque é um sinal de reconhecimento. Mas se o alvo (a outra pessoa) não dá ou recebe reconhecimento dessa forma, o "atirador de elite" pode até estar rindo por fora, mas por dentro é mágoa pura.

O tipo "ele-pensa-que-sabe-tudo": Esse é um especialista em exageros, meias-verdades, jargões, avisos inúteis e opiniões não solicitadas. Carismática e entusiasmada, essa pessoa desesperada-por-atenção pode persuadir grupos inteiros de ingênuos e induzi-los ao erro. Se você cai na tentação de discutir com uma pessoa desse tipo, ela pode elevar o tom de voz e se recusar a voltar atrás até que você pareça tão bobo quanto ela.

Os pontos-chave:

Os comportamentos às vezes são impulsionados pela intenção de ser reconhecido: Todos nós queremos ser reconhecidos. A diferença está na maneira como chegamos lá.

Conheça a dinâmica da intenção de ser reconhecido: As pessoas que se tornam mais obcecadas em serem reconhecidas podem achar que a falta de feedback positivo é algo pessoal – e acabam prestando mais atenção do que o normal em reações, comentários e expressões faciais.

A intenção de ser reconhecido pode levar a um comportamento exuberante: Isto pode aparecer no barulho dos "granadas", nas piadas corrosivas do "atirador de elite" amigável ou no orgulho do "ele-pensa-que-sabe-tudo". Mas todos têm em comum o fato de chamarem atenção sobre si mesmos.

"O desejo de contribuir com os outros e ser reconhecido por isso é uma das técnicas motivacionais mais poderosas que existem."

CONCENTRE-SE NO COMPORTAMENTO, NÃO NOS MOTIVOS

OS RESULTADOS DAS INTENÇÕES NÃO REALIZADAS

As quatro intenções têm um tempo e um lugar certos em nossas vidas: *finalizar a tarefa, fazer a coisa certa, integrar-se às pessoas* e *ser reconhecido*. A prioridade desses propósitos pode mudar de um momento para outro. Nós, normalmente, mantemos um equilíbrio, para aumentar o sucesso e reduzir o estresse.

Mas o que acontece quando as intenções de uma pessoa não são realizadas? Vamos analisar cada uma delas, seus resultados, e observar o que acontece quando essas intenções são ameaçadas (veja o quadro na página seguinte):

- Quando as pessoas querem *finalizar a tarefa* e temem não conseguir, seu comportamento fica mais *controlador*. Elas tentam assumir a responsabilidade e seguir em frente.
- Quando as pessoas querem *fazer a coisa certa* e temem que algo saia errado, tornam-se extremamente *perfeccionistas*. Elas descobrem cada falha e investigam cada possibilidade de erro.
- Quando as pessoas querem *se integrar* e temem a rejeição, fazem de tudo e se desdobram nessa *busca pela aprovação*. Elas não hesitam, por exemplo, em sacrificar suas necessidades pessoais para agradar aos outros.

- Quando as pessoas querem *ser reconhecidas* e temem falhar em seu intento, elas mudam seu comportamento para atrair *atenção.* Em geral, elas conseguem. É difícil ignorá-las.

É assim que tudo começa: a pessoa que de outro modo poderia estar inclinada a agir dentro da "zona de normalidade" da interação humana acaba sendo arrastada até uma "zona cinzenta", onde os comportamentos são problemáticos e regidos por uma "ética" mais flexível.

Os pontos-chave:

Cada uma das quatro intenções faz parte da natureza humana: No final das contas, as pessoas são apenas seres humanos.

Saiba que cada uma das intenções leva a comportamentos previsíveis: As pessoas que querem *finalizar a tarefa* se tornam mais *controladoras*, as que desejam *fazer a coisa certa* se tornam mais *perfeccionistas* e as que pretendem *integrar-se às pessoas buscam aprovação,* enquanto as que querem *ser reconhecidas procuram apenas atenção.*

Perceba quando o comportamento de alguém está saindo da "zona de normalidade": Isto ocorre quando as pessoas que estão agindo de forma aceitável se transformam em pessoas com quem você não consegue conviver.

"No momento em que as pessoas percebem que o que elas querem não está acontecendo, e vice-versa, seu comportamento se torna mais extremo e, dessa forma, menos tolerável para os outros."

ACEITE AS DIFERENÇAS COMO SENDO OBSTÁCULOS

REDUZA AS DIFERENÇAS

O que torna algumas pessoas mais fáceis de lidar e outras mais difíceis? Para nós o conflito em um relacionamento ocorre quando a ênfase está nas *diferenças*, em vez de nas *semelhanças*. Pense em termos de "unidos venceremos, separados perderemos".

Portanto, *reduzir as diferenças* é essencial na hora de lidar com pessoas difíceis. O sucesso na comunicação depende de se encontrar uma base comum e a partir daí tentar redirecionar a interação para um novo resultado.

Duas habilidades essenciais de comunicação o ajudarão: *harmonização* (o comportamento pelo qual você reduz a diferença entre você e outra pessoa) e *redirecionamento* (qualquer ação na qual você estabelece relações pessoais para mudar a trajetória de suas interações). Essas habilidades não são novas – elas fazem parte do contato normal entre os seres humanos. Na verdade, de certa forma, você sempre as utilizou.

Você pode se harmonizar com outras pessoas de diversas maneiras. Visualmente, você pode alterar sua expressão facial, o grau de animação e a postura corporal. Verbalmente, você pode tentar alcançar o volume e a velocidade de quem está conversando com você, e também por meio das palavras que você escolhe. Quando as pessoas sentem que você as escutou e que as entendeu plenamente, isso significa que você conseguiu se harmonizar.

É natural entrar em sintonia com as pessoas de quem você gosta ou que têm os mesmos objetivos. Da mesma forma, é igualmente natural *não se harmonizar* com quem você considera difícil conviver. Nesse caso, a desarmonia pode trazer sérias conseqüências, aumentando a possibilidade de que as diferenças se transformem em futuros pontos de conflito.

Os três pontos-chave:

Lembre-se de que ninguém coopera com o "inimigo": Nas relações humanas não há meio-termo. Consciente ou inconscientemente, as pessoas querem saber: "Você está comigo ou contra mim?" Você enfrentará relacionamentos quentes ou frios, como se houvesse um mútuo entendimento ou como se você e a outra pessoa habitassem mundos distantes.

Reduza as diferenças: Você pode entrar em harmonia modificando a expressão facial, os gestos, a postura, o volume e a velocidade da voz, e até a escolha das palavras.

Harmonize antes de redirecionar: Somente quando você estabelecer alguma afinidade com uma pessoa difícil estará apto a redirecionar a trajetória da conversa para um resultado mais produtivo. Ao lidar com alguém particularmente difícil, tente relembrar momentos em que você conseguiu estabelecer uma fina sintonia com essa pessoa no passado – e imagine como fazer isso novamente.

"O conflito ocorre quando a ênfase está nas diferenças. Reduzindo as diferenças, é possível transformar o conflito em cooperação."

ESCUTE PARA SER REALMENTE ENTENDIDO

Quando as pessoas se expressam verbalmente, elas em geral querem provas de pelo menos duas coisas: de que haviam sido escutadas e haviam sido compreendidas. Um bom comunicador tenta primeiramente ser um bom ouvinte.

Sugerimos cinco passos para ser um bom ouvinte. O primeiro passo para a escuta eficaz, introduzido no tópico anterior, é *harmonizando*. Como alguém pode saber se você está escutando e entendendo? Basicamente pelo modo como você olha, como balança a cabeça afirmativamente e emite sons que demonstrem que está compreendendo o que a outra pessoa fala. Nada de olhares enigmáticos, interrupções ou comentários de discordância – ajude a pessoa problemática a expressar plenamente seus pensamentos e sentimentos usando basicamente a linguagem corporal.

Quando a pessoa começa a repetir o que já foi dito, é sinal de que podemos avançar para o segundo passo, que é *reafirmando*. Isso envolve repetir algumas palavras que a outra pessoa está usando na conversa, numa clara mensagem de que você está prestando atenção e que considera importante o que o outro está dizendo. Traduzir ou dizer com outras palavras o que a pessoa já disse é contraprodutivo e pode dar a impressão de que você não entendeu o que foi dito.

Tendo ouvido o que a pessoa problemática tem a dizer, o próximo passo é *esclarecendo*. Nesse ponto, você começa a reunir informações sobre o sentido do que está sendo comunicado. Faça algumas perguntas abertas, que permitam descobrir por que a pessoa está dificultando as coisas e qual propósito ela pretende satisfazer comportando-se assim.

Nem sempre é possível entender por que alguém fica chateado. As emoções podem encobrir a capacidade racional das pessoas a um ponto que a inteligência se desconecta totalmente dos sentimentos. Mesmo que seja impossível argumentar racionalmente com uma pessoa sob fortes emoções, você ainda pode olhar e agir como se entendesse, reafirmar o que você escutou e se mostrar curioso o suficiente para fazer perguntas.

O quarto passo: *resumindo* o que você escutou. Isto permite que se assegure de que você e a pessoa difícil estão no mesmo ponto. Quando você faz isso, duas coisas acontecem. Primeiro, se você perdeu alguma coisa, o outro pode lembrar dos detalhes. Em segundo lugar, você demonstra, mais uma vez, que está fazendo um grande esforço para entender totalmente o que está sendo dito, o que aumenta suas chances de ganhar a cooperação da pessoa em questão.

Antes de prosseguir, *confirme* se a pessoa se sente satisfeita por seu problema ter sido apresentado. Pergunte se existe mais algum ponto que ela queira discutir.

Quando escutamos de fato, questionamos de forma suficiente, mostramos consideração e gratificação, normalmente conseguimos chegar ao entendimento. E a pessoa difícil se torna mais cooperativa e fácil de lidar.

Os pontos-chave:

Escute primeiro, escute bem: Você não será escutado (ou entendido) até que a outra pessoa diga o que ela tem a dizer.

Aprenda e pratique os cinco passos da escuta eficaz: Harmonizar, reafirmar, esclarecer, resumir e confirmar.

Certifique-se de que a outra pessoa percebeu que você escutou e entendeu: Você precisa ter certeza disso antes de tentar fazer com que os outros o escutem e entendam.

"Quando duas ou mais pessoas querem ser ouvidas e ninguém quer escutar, é inevitável uma discussão. Escute e entenda realmente – isso abrirá as portas da mente das pessoas."

ACEITE OS COMPORTAMENTOS COMO ELES SÃO

ATINJA UMA COMPREENSÃO MAIS PROFUNDA

Temos apresentado a escuta como um método para aumentar a confiança, a cooperação e o entendimento. Ainda assim, algumas vezes os aspectos mais úteis e importantes da comunicação estão ocultos – não apenas do ouvinte, mas também de quem fala.

Quando conseguir identificar os elementos que impulsionam uma pessoa difícil, você terá alcançado uma compreensão mais profunda de suas necessidades e intenções.

O reconhecimento da intenção é o importante primeiro passo para entender uma pessoa difícil. Você pode aplicar a estratégia de harmonização para as quatro intenções e com isso aumentar a cooperação e evitar os mal-entendidos.

Por exemplo:

- Se você estiver lidando com alguém cuja maior prioridade é *finalizar a tarefa*, suas comunicações com ele devem ser breves e objetivas.
- Se estiver lidando com alguém cuja maior prioridade é *fazer a coisa certa*, você deve prestar bastante atenção nos detalhes das suas comunicações.
- Se estiver lidando com alguém cuja maior prioridade é

integrar-se às pessoas, você deve se comunicar de forma que demonstre seu interesse por ele.

- Se você estiver lidando com alguém cuja maior prioridade é *ser reconhecido*, reconheça as contribuições que ele deu com palavras de apreciação entusiasmada.

Em outras palavras, é crucial perguntar a si mesmo qual é a intenção por trás do comportamento ou da comunicação de uma pessoa. Uma surpresa: *mesmo que você não tenha certeza de qual é a intenção, faça a escolha mais provável e aja oportunamente.*

Como as intenções fazem parte de você, confie em sua intuição – você terá um bom feedback e aumentará a qualidade do relacionamento. Se não acontecer como você imaginou, tente algo diferente.

Outra maneira de entender profundamente a pessoa problemática é *identificar os critérios que são importantes para ela.* Critérios são como filtros de nossos pontos de vista: padrões pelos quais avaliamos as idéias e experiências para determinar se elas são boas ou más. Os critérios se tornam especialmente importantes quando se discutem idéias ou diferentes pontos de vista. Identifique-os e observe como isso aumenta a flexibilidade e a cooperação dos envolvidos.

Quando uma discussão começa a degenerar em conflito, descubra as razões que levam as pessoas a se posicionarem contra ou a favor de alguma coisa. A seguir, procure uma idéia ou solução para o problema que harmonize todos os critérios. Essa é uma outra forma de transformar conflito em cooperação.

Os pontos-chave:

Identifique e aja nas intenções: Se você percebe que alguém pode precisar de sua apreciação, faça-a de forma clara.

Trabalhe a intenção mesmo que você não tenha certeza de qual seja ela: Como as intenções têm a ver com você, deixe sua intuição guiá-lo. E se o que você fizer não estiver funcionando, simplesmente tente outra coisa.

Use critérios para alcançar um entendimento profundo: Quais são os filtros que a pessoa difícil está usando? Como você pode usar seu conhecimento a respeito desses filtros para criar novas opções?

"Isto... tem a ver com... o tipo de entendimento que o ajudará a se comunicar efetivamente, a se prevenir de futuros conflitos e a resolver os conflitos atuais antes que saiam do controle. É o tipo de entendimento que acontece quando você examina de perto o comportamento difícil e vê a motivação por trás dele."

DÊ SUA OPINIÃO

FALE PARA SER REALMENTE COMPREENDIDO

A escuta eficiente é a melhor maneira de aumentar a confiança, a cooperação e o entendimento – ela também funciona como um pré-requisito para a comunicação efetiva com pessoas difíceis. Quando você se expressa, é importante que o faça de forma a produzir resultados positivos. Os sinais, símbolos e sugestões que constituem nossa mensagem fornecem uma oportunidade para influenciar o relacionamento positivamente.

Aqui estão seis técnicas de eficácia comprovada:

Monitore o seu tom de voz. Mesmo quando você escolhe bem as palavras, o tom de sua voz envia uma mensagem positiva ou negativa. Se ele é apressado, hostil ou defensivo, as pessoas podem escutar algo totalmente diferente do que você pretende dizer. Mensagens cujo tom de voz não combina com as palavras causam ruídos na comunicação. Se você perceber que está enviando uma mensagem confusa, explique o que você realmente quis dizer: "Eu sei que parecia estar com raiva, mas isso só ocorreu porque esse assunto é muito importante para mim."

Apresente sua intenção principal. Quando você esclarece a

intenção principal, as pessoas sabem de onde você vem. Quando ela fica nas entrelinhas, pode resultar em mensagens truncadas. Explicar por que você está expondo algo antes de realmente dizê-lo é um modo simples de direcionar a atenção para o que deseja.

Interrompa diplomaticamente. Há ocasiões em que é necessário interromper uma pessoa difícil. Se alguém está gritando com você, monopolizando a conversa ou reclamando continuamente, mantendo um círculo vicioso de negatividade, uma interrupção pode ser a solução. Feita de forma delicada, a interrupção tática é realizada sem raiva, culpa ou medo. Apenas repita o nome da pessoa difícil diversas vezes, sem levantar a voz, até conseguir chamar sua atenção. Trata-se de uma força irresistível para quem faz o tipo "tanque de guerra", o "sabe-tudo", o "granada" ou mesmo o "reclamador". É incrível: eles até param de falar para prestar atenção no que você tem a dizer.

Diga a sua verdade. A honestidade pode ser eficaz. Não importa se a pessoa tem um temperamento difícil, o importante é anunciar sua intenção de dizer a verdade. E não esqueça de explicar por que acha que a outra pessoa deve ouvir o que você tem a dizer. Seja específico em relação aos problemas, mostre como isso a prejudica e sugira uma mudança de comportamento. Deixe bem claro que essa é a *sua opinião*.

Seja flexível. Se a pessoa problemática ficar na defensiva, pare de falar e preste atenção em suas reações. Faça um esforço para entender suas objeções – *retrocedendo, esclarecendo, resumindo* e *confirmando*. Isto pode levar algum tempo, mas evita que você desperdice energia se envolvendo numa discussão estéril.

Os pontos-chave:

Quando tiver entendido corretamente, pratique a comunicação eficaz: Uma etapa é conseqüência da outra.

Aprenda e pratique as cinco técnicas de falar para ser entendido: Sim, a comunicação eficaz é mais difícil e geralmente demanda mais tempo – no curto prazo. Mas, a longo prazo, se mostra mais produtiva e traz melhores resultados.

Lembre-se de que "comunicar" tem a mesma origem de "comum": Comunicar significa estabelecer um entendimento comum.

"O que você diz para as pessoas pode gerar confiança ou colocá-las na defensiva – pode ainda aumentar sua resistência ou sua cooperação, ou mesmo promover o conflito ou o entendimento."

NÃO ESPERE MUITO DAS PESSOAS

PROJETE E ESPERE O MELHOR DAS PESSOAS

O comportamento problemático é freqüentemente reforçado, e mesmo aumentado, pelas reações impulsivas e negativas das pessoas a seu redor. Se você quiser ser uma influência positiva, dê respostas ponderadas.

Dê às pessoas difíceis o benefício da dúvida. É de seu interesse ajudá-las a quebrar a rotina de comportamentos negativos e reforçar as atitudes mais construtivas. Se você agir assim habitualmente, uma pessoa difícil pode considerá-lo um aliado e, com isso, corresponder de forma positiva a seus estímulos.

O poder das expectativas não pode ser subestimado. Nós o chamamos de *Poder de Pigmalião*. Se você contar às pessoas suas grandes expectativas em relação a elas, provavelmente darão um passo na direção que você apontou. Mas, da mesma forma, se você revelar que sua expectativa é pequena, elas não vão desapontá-lo – pode acreditar.

Quando a pessoa problemática se comporta mal, você fica tentado a dizer: "Esse é o problema. Você sempre..." Se quiser usar o *Poder de Pigmalião*, diga: "Você não é assim! Você é capaz de..." E diga como você a vê. E toda vez que ela agir de forma correta, reforce o elogio. Não deixe de detalhar o comportamento bem-sucedido, para que ela possa repeti-lo.

O *Poder de Pigmalião* não é a técnica mais fácil de empregar quando a pessoa está tendo um desempenho ruim. É preciso estar convencido de que a pessoa pode mudar, mesmo quando todas as evidências dizem o contrário. Sim, não temos dúvida de que você pode se surpreender favoravelmente com seu poder de tirar o melhor do pior das pessoas.

Os pontos-chave:

Entenda e utilize *o Poder de Pigmalião:* A natureza humana é o que é. Quando você diz às pessoas que elas estão agindo de forma errada, elas em geral entram na defensiva. Para minimizar essa reação, dê-lhes o benefício da dúvida e espere o melhor. Às vezes você consegue.

Aprecie a crítica: Se você ficar na defensiva quando for criticado, talvez não perceba que isto só piora as coisas. A defesa parece uma admissão de culpa, e qualquer coisa que você diga pode ser usada contra você. Há um modo simples e rápido de acabar com as críticas sem internalizá-las ou lutar contra elas: reconheça-as. Um simples "obrigado pelo feedback" pode ser suficiente. Outra saída seria usar a técnica da escuta eficaz, ajudando quem está criticando a ser mais específico, de forma que você aprenda alguma coisa útil – ou a outra pessoa descubra que você não agiu mal, ou até mesmo que ela perca o interesse em criticá-lo.

> **"É fato que as pessoas melhoram ou pioram de acordo com suas expectativas e projeções. Use estratégias de projeção para motivar as pessoas problemáticas a mudarem por si mesmas."**

ENFRENTE O "TANQUE DE GUERRA"

BUSQUE O MELHOR DO "TANQUE DE GUERRA"

Se você estiver sob o ataque do "tanque de guerra", é porque você foi considerado parte do problema. O comportamento agressivo da pessoa-tanque tem o objetivo de colocá-lo de volta no caminho que ela deseja ou eliminar o obstáculo que você representa. Nessa situação, sua meta deve ser impor respeito – afinal, o "tanque de guerra" não ataca quem ele respeita. Lidar com pessoas agressivas exige reações categóricas.

A seguir, apresentamos um plano de cinco passos para você aprender a enviar sinais claros de que é forte e capaz.

Mantenha sua posição. Fique firme. Não abandone sua posição e não se engaje no ataque nem na defesa. Espere até que o ataque cesse e então diga ao "tanque de guerra" o que você fará em relação ao assunto (mesmo que seja bater em retirada) – e faça o que anunciar. Podem surgir situações em que você precise avançar para o passo seguinte.

Interrompa o ataque. Repita continuamente o nome da pessoa até que você prenda sua atenção. Se começar, não recue. A pessoa agressiva *gosta* de pessoas assertivas, com autoconfiança suficiente para lidar com a situação – desde que isto não seja visto como um ataque pessoal. Um detalhe: mantenha sua voz 25% mais baixa do que a voz do "tanque". Dessa forma, ele perceberá que você se comporta assertivamente, não agressivamente.

Reafirme. Agora que você conseguiu a atenção do "tanque", repita a acusação principal. Isso representa um bom exemplo do que chamamos de escuta respeitosa, que demonstra que você ouviu o que ele tem a dizer. Um "tanque de guerra" tem períodos curtos de atenção: duas frases são o suficiente. Ele recuará para atacar. Espere alguns segundos, interrompa de novo e repita.

Concentre-se na síntese do problema e ataque! Redirecione a conversa para a essência do problema – o ponto de vista do "tanque de guerra", se ele estiver certo; ou o seu ponto de vista, se ele estiver errado. O "tanque" quer acabar com o problema (*finalizar a tarefa*), e a melhor forma de encerrar o ataque é se solidarizar com a intenção dele, que é resolver a questão. A essência varia conforme a situação, mas em geral ela pode ser sintetizada em duas frases. Fale pouco e de forma suave: os períodos de atenção do "tanque de guerra" são extremamente curtos. Mostre que você e ele estão do mesmo lado. Por exemplo: "Nós dois queremos o melhor para este projeto." Ou responda com um desafio: "Isto é terrível! Estou aqui para ajudá-lo e vamos fazer alguma coisa em relação a isso!" Ter uma atitude de assumir a responsabilidade certamente agradará ao "tanque". Se vocês não estiverem do mesmo lado, simplesmente avise: "Vou conversar novamente quando você estiver pronto para falar de maneira razoável."

Pense em uma saída honrosa. Nunca bata a porta na cara

do "tanque de guerra". Se você deixar a porta aberta, ele terá a oportunidade de recuar – e provavelmente é o que fará. Você pode deixar que ele tenha a última palavra... mas você decide quando e onde isto ocorrerá. Por exemplo: "Quando você estiver pronto para falar com respeito, quero ouvir o que você tem a dizer."

Há três reações emocionais típicas para o ataque de um "tanque". Todas são naturais – e inúteis. Então, ajuste o comportamento:

Não contra-ataque: Evite entrar no jogo do tanque. Você pode ganhar a batalha, mas pode perder a guerra se ele decidir formar uma aliança contra você.

Não se defenda, explique ou justifique: O "tanque de guerra" não tem nenhum interesse nas suas explicações. Portanto, um comportamento defensivo provavelmente aumentará sua rivalidade.

Não fique paralisado: Por medo ou para evitar uma briga, você pode ficar tentado a bater em retirada. Mas o medo é um sinal claro para o "tanque" de que o ataque foi justificado. Isto pode inspirá-lo a fazer uma nova ofensiva.

"O 'tanque de guerra' gosta de confrontos, é acusador e raivoso – ele é o rei do comportamento agressivo e atrevido."

TOLERE O "ATIRADOR DE ELITE"

BUSQUE O MELHOR DO "ATIRADOR DE ELITE"

Quando as coisas não ocorrem como foram planejadas ou são obstruídas pelos outros, a pessoa que tem a intenção de *finalizar a tarefa* pode tentar eliminar a oposição com a ajuda do "atirador de elite". Para enfrentá-lo, o primeiro passo é tirá-lo de seu esconderijo, ou seja: expô-lo. Como seu poder deriva do trabalho feito às escondidas, quando você revela a posição do "atirador de elite", ela perde sua eficácia.

Pare, olhe e reafirme. Como seu objetivo é fazer com que o "atirador de elite" saia de seu esconderijo, é preciso primeiro tirá-lo da toca. Quando você estiver sob ataque, faça uma pausa mesmo que esteja no meio de uma frase. Ao interromper o que está falando ou fazendo, você direciona a atenção para o "atirador de elite" e, com isso, destrói a cobertura que ele estava utilizando. Olhe diretamente em seus olhos por um momento e calmamente refira-se ao comentário que ele havia acabado de fazer.

Utilize perguntas do tipo "holofote". Esse é o momento de ligar os holofotes para procurar os esconderijos. Faça uma pergunta que localize e exponha o comportamento do "atirador de elite". As duas melhores questões se baseiam na intenção e na relevância: "Quando você disse isso (reafirmar), o que realmente você queria dizer?" e "O que é que isso (reafirmar) tem a ver com o assunto?". A chave para transformar a pergunta em holofote é manter o tom de voz e a expressão facial neutras (leia-se: inocentes).

Use a estratégia contra o "tanque", se necessário: Se o "atirador de elite" se transformar em "tanque de guerra", você na verdade já melhorou a situação: pelo menos agora você sabe onde está o problema. Use a estratégia recomendada para lidar com o "tanque", não apenas para exigir respeito por parte do "atirador de elite", mas também daqueles que assistiram ao ataque.

Faça patrulhas de reconhecimento. Se você suspeitar, mas não tiver certeza, que alguém guarda algum ressentimento de você, veja o que consegue apurar. Se as evidências confirmarem que alguém realmente guarda uma mágoa de você, o ideal é dar uma arejada. Se conseguir que o "atirador de elite" desabafe, escute cuidadosamente tudo o que ele tiver a dizer, manisfeste interesse e deixe claro que você entendeu a reclamação. Demonstre seu apreço pela descrição realista do problema.

Sugira um futuro civilizado. Seja em uma conversa pública ou privada, termine a conversa sugerindo uma postura alternativa para o futuro. No final de cada encontro com o "atirador de elite", é importante que ele entenda que você prefere um futuro de comunicações abertas e amigáveis. Então...

Não reaja exageradamente: Comportar-se dessa forma pode encorajar o "atirador de elite" a continuar agindo com as mesmas táticas. Mantenha uma atitude de curiosidade e tente não levar a coisa para o lado pessoal. Em vez disso, coloque o foco no "atirador de elite", não em você.

Diferencie os "atiradores de elite" amigos dos inimigos: Os que são amigos têm o objetivo de serem reconhecidos, de chamar a atenção dos outros. Os inimigos, entretanto, querem apenas finalizar a tarefa e satisfazer sua necessidade de poder ao sabotar o controle alheio.

Tente reenquadrar o "atirador de elite" amigo: Veja o comentário como um sinal de afeição ou um truque comportamental. Se você não conseguir rir desse comentário, pelo menos tente ignorá-lo – ou deixar que o "atirador de elite" saiba que você não lida bem com deboches e ironias. Se ele gostar mesmo de você, mudará o comportamento. Quando isto ocorrer, elogie o "ex-atirador de elite" pela mudança.

"Seja através de comentários rudes, do sarcasmo mais cáustico ou mesmo de um movimento malicioso dos olhos, a especialidade do 'atirador de elite' é deixar você com cara de bobo."

TOLERE O "SABE-TUDO"

BUSQUE O MELHOR DO "SABE-TUDO"

Os "sabe-tudo" são dotados de grande conhecimento, extrema competência, muita assertividade e eloqüência para expressar seus pontos de vista. A intenção é completar a tarefa da maneira que eles consideram ser a melhor. Eles são muito controladores e têm pouca tolerância para correções e contradições. Encaram as idéias novas como uma afronta a sua autoridade e seu conhecimento – e se levantarão contra esses inimigos, fazendo todo o possível para evitar a humilhação.

Para combater os "sabe-tudo", a melhor arma é apresentar novas idéias e informações. Mas, como já foi visto, não é uma tarefa fácil.

Prepare-se e conheça tudo sobre sua área de ação. Se o seu pensamento tiver alguma falha, o radar do "sabe-tudo" detectará. Mais: ele usará os mínimos detalhes para tirar os méritos de sua idéia. Para que o "sabe-tudo" leve em consideração os seus argumentos, é preciso organizar de antemão as idéias e estar pronto para apresentá-las de forma clara e concisa.

Reafirmar respeitosamente. Esteja prevenido: você vai precisar voltar atrás com o "sabe-tudo" mais do que com qualquer outra pessoa difícil. Ele precisa sentir que você entendeu profundamente o brilhantismo de sua visão, antes que você possa redirecioná-lo para outro ponto de vista. Não basta simplesmente reafirmar; você deve apresentar uma conduta respeitosa e sincera. Você vai desejar que sua reação sobre o ponto de vista do "sabe-tudo" seja a mais positiva possível.

Harmonize-se com as dúvidas e os desejos. Para o "sabe-tudo" acreditar em uma idéia, é preciso que os critérios específicos sejam relevantes para ele. Conhecendo-os com antecedência, você perceberá que será muito útil entrar em acordo antes de apresentar suas idéias. Deixe bem claro como suas sugestões levam em conta esses fatores.

Apresente seus pontos de vista indiretamente. Quando chegar a hora de redirecionar o "sabe-tudo" para a posição que você defende, use expressões leves como "quem sabe" e "pode ser". Elas soam como algo indireto ou hipotético, em vez de parecer uma determinação ou uma crítica. Tente perguntar em vez de afirmar e dê preferência ao pronome "nós" no lugar de "eu".

Transforme-os em mentores. Deixe que o "sabe-tudo" perceba que você reconhece seu valor e sua competência e que está disposto a escutá-lo. Com isso, você automaticamente deixa de ser uma ameaça. E o "sabe-tudo" fica com mais tempo para *ins*truir do que *obs*truir você. É bem provável que ele também se disponha a escutá-lo mais.

Ajuste sua atitude:

Não utilize as armas do "sabe-tudo": Resista à tentação de se tornar um "sabe-tudo" também. Isso só fará com que ele se entrincheire mais.

Não fique ressentido com o "sabe-tudo": Não é da natureza dele ouvir uma segunda opinião. Os ressentimentos levam apenas a discussões improdutivas.

Não imponha suas idéias ao "sabe-tudo": Aprenda a ser paciente, flexível e esperto na hora de apresentar suas idéias.

"O 'sabe-tudo' raramente tem dúvidas e sua tolerância para correções e contradições é baixa. Porém, se alguma coisa dá errado, ele apontará o culpado com a mesma autoridade – você!"

TOLERE O "ELE-PENSA-QUE-SABE-TUDO"

BUSQUE O MELHOR DO "ELE-PENSA-QUE-SABE-TUDO"

As pessoas do tipo "ele-pensa-que-sabe-tudo" são impulsionadas pela necessidade de serem reconhecidas. Quando elas se sentem desprezadas de alguma forma, forçam a barra para chamar atenção. Você terá mais sucesso se evitar colocá-las na defensiva.

Veja o plano de ação para buscar o melhor do "ele-pensa-que-sabe-tudo".

Dê-lhes um pouco de atenção. Há duas maneiras de dar a atenção adequada para as pessoas do tipo "ele-pensa-que-sabe-tudo". A primeira é voltar atrás em seus comentários de forma entusiasmada. Isto faz com que a pessoa perceba que você presta atenção (e, por tabela, a coloca como vítima de seus próprios comentários bobos). A segunda maneira é reconhecer a intenção positiva da pessoa, sem perder tempo com o que ela está dizendo – afinal, você não precisa, necessariamente, concordar com suas observações.

Esclareça os pontos específicos: Se a pessoa não souber do que está falando e você sim, ótimo, tudo fica mais fácil. Faça perguntas reveladoras sobre aspectos específicos da informação que ela apresentou. Como o tipo "ele-pensa-que-sabe-tudo" fala por meio de generalizações, preste muita atenção a palavras como "todos" ou "sempre".

Fale sobre a realidade como ela é. Redirecione cuidadosamente a conversa para a realidade. Personalize a linguagem de forma que suas observações pareçam o menos ameaçadoras possível. Para adicionar evidências irrefutáveis, você pode documentar os fatos à medida que as coisas acontecem.

Ofereça uma saída honrosa. Nesse ponto, já está claro que o tipo "ele-pensa-que-sabe-tudo" não sabe realmente o que está dizendo, mas você sim. Resista à tentação de constranger a pessoa em questão. Em vez disso, apresente uma saída honrosa, minimizando a possibilidade de ela ficar na defensiva. O tipo "ele-pensa-que-sabe-tudo" não é tão apegado às próprias idéias quanto o tipo "sabe-tudo". Se você mostrar uma alternativa para que ele fique ao seu lado, provavelmente vestirá a sua camisa sem maiores hesitações.

Quebre o círculo vicioso. Quando as pessoas acham que alguém é um "ele-pensa-que-sabe-tudo", elas deixam de dar qualquer atenção a ele. Mas isso só faz aumentar sua necessidade de reconhecimento e, como conseqüência, exacerba o seu comportamento negativo. Para romper esse círculo vicioso, é preciso estar pronto para dar o crédito onde isto seja necessário. Reconheça os acertos da pessoa problemática e elogie-a por isso. Para alguns, essa atenção é o suficiente. Para outros, é necessário contar a verdade sobre as conseqüências de sua atitude problemática.

Ajuste sua atitude:

Não estoure sua bolha: Quando você desafia uma pessoa do tipo “ele-pensa-que-sabe-tudo”, a única saída que ela tem é o contra-ataque com mais reclamações. E a maior convicção pode influenciar quem não está a par do assunto.

Não julgue apressadamente: Todos nós já defendemos idéias em que nós mesmos não acreditávamos.

Não caia na tentação de “maquiar” a verdade: Você pode acabar perdendo a credibilidade. Controle a vontade de desmascarar o tipo “ele-pensa-que-sabe-tudo”. Ignore as interrupções insignificantes que ele faz.

“As pessoas do tipo ‘ele-pensa-que-sabe-tudo’ não podem enganar todo mundo o tempo todo, mas enganam algumas pessoas por algum tempo – tudo com o objetivo de ganhar alguma atenção.”

TOLERE O TIPO "GRANADA"

BUSQUE O MELHOR DO "GRANADA"

Quando os esforços de uma pessoa para ser reconhecida são frustrados pela indiferença alheia, o resultado pode ser uma explosão disfarçada em um pedido de mais atenção. Perder o controle emocional é uma estratégia de defesa contra o sentimento de insignificância — uma estratégia muito utilizada pela pessoa do tipo "granada".

Se você já tiver passado pela experiência de perder o controle, sabe como isto pode ser humilhante. Os "granadas" se odeiam por esse comportamento, e esse ódio freqüentemente se transforma no detonador de uma nova explosão. Trata-se de um círculo vicioso que pode continuar indefinidamente – prevenir é melhor do que remediar.

A seguir estão cinco passos para extrair o que há de melhor na pessoa do tipo "granada":

Prenda a atenção do "granada". Esta é uma das poucas situações em que você precisa falar mais alto do que a pessoa problemática... mas sem parecer agressivo. Fale o nome dela bem alto, mas use um tom de voz que demonstre interesse, não raiva.

Mire no coração. Mostre sua verdadeira preocupação ao

falar o que a pessoa quer ouvir. Por outro lado, ao escutar cuidadosamente, você pode determinar a causa da explosão e então retroceder enquanto demonstra consideração. Quando atingir o coração, você se surpreenderá ao ver como o tipo "granada" esfria rapidamente.

Reduza a intensidade. Quando você perceber que a pessoa tipo "granada" está reagindo, reduza o volume da sua voz. Isso fará com que ela diminua a intensidade da explosão, passando para um nível normal de comunicação.

Dê uma pausa diante do mau comportamento. Não é sensato tentar conversar civilizadamente com a pessoa problemática enquanto a adrenalina está alta. Dê uma pausa e deixe as coisas esfriarem. Aí, sim, convide-a para voltar ao assunto.

Evite detonar o "granada". Esse passo visa ao relacionamento de longo prazo e é o mais importante para lidar com esse tipo de pessoa. Tente descobrir o que ou quem detona o "granada"... e tome cuidado para não puxar o pino-detonador. Se o foco da irritatação é alguém do escritório, um treinamento em comunicação interpessoal e resolução de conflitos pode resolver o problema.

Ajuste sua atitude:

Libere sua raiva: Responder com raiva a uma pessoa do tipo granada é como tentar apagar um incêndio com gasolina.

Tente enxergar o "granada" de outra forma: Às vezes pode ser útil imaginar esse louco-furioso como um bebê de fraldas. Ajustar sua percepção do "granada" lhe dará o distanciamento necessário para lidar friamente com a situação.

Escute o "granada": Qualquer que tenham sido as causas

das explosões, se você investir algum tempo escutando os problemas que o "granada" enfrenta, lentamente conseguirá reduzir a freqüência e a intensidade de suas explosões.

"Depois de um breve período de calma, a pessoa do tipo 'granada' explode sem nenhuma razão aparente, mas com uma intensidade e uma violência que não têm nenhuma relação com as circunstâncias."

TOLERE A PESSOA "SIM"

BUSQUE O MELHOR DA PESSOA "SIM"

As pessoas que só dizem "sim" são extremamente desorganizadas e freqüentemente se sobrecarregam na tentativa de conduzir a vida de acordo com os desejos das outras pessoas. Elas têm um direcionamento forte para lidar com pessoas, não com tarefas. E, às vezes, não sabem o que fazer para cumprir suas promessas – e não pensam nas conseqüências daquilo que se comprometeram a fazer.

O tipo "sim" se sente muito mal quando não consegue realizar algo, mas, ainda assim, não assume a culpa: há sempre alguma circunstância fora do seu controle que o impediu de cumprir o prometido. Para driblar esse comportamento irresponsável, o ideal é que você consiga um comprometimento verdadeiro por parte da pessoa do tipo "sim".

A seguir, apresentamos cinco passos para tirar o melhor da pessoa "sim".

Seja honesto. Por meio da harmonização corporal e do apoio verbal, assegure-se de que o ambiente de comunicação é seguro. Dessa forma, você e a pessoa do tipo "sim" podem examinar francamente se ela cumprirá ou não as promessas. Se a pessoa se sentir confortável, seus pensamentos e sentimentos verdadeiros aparecerão mais facilmente.

Converse francamente. Se você achar que a pessoa "sim" está com raiva, ressentida, ou que ela acredita nas próprias desculpas, tenha uma conversa franca. Não a interrompa ou contradiga, nem fale nada ofensivo. E não esqueça de elogiar sua honestidade.

Ajude a fazer um planejamento. Depois de entender por que a pessoa do tipo "sim" não consegue cumprir seus compromissos, você deve passar para o próximo passo: criar uma oportunidade de aprendizado. Esse é o momento ideal para mostrar o funcionamento das principais ferramentas para o gerenciamento de tarefas. É mais produtivo do que ficar com raiva porque ela não executa as tarefas dentro dos prazos.

Garanta seu comprometimento. Agradeça à pessoa do tipo "sim" por conversar abertamente com você e pergunte como será sua abordagem nos próximos projetos. Peça que ela faça um resumo do projeto para checar se entendeu realmente o que está em jogo. Coloque no papel esse compromisso e estabeleça um cronograma para a realização das tarefas. Finalmente, não esqueça de descrever todas as conseqüências negativas caso ela falhe.

Fortaleça o relacionamento. Aproveite cada atividade compartilhada para estreitar o relacionamento. Comemore cada compromisso realizado e encare as promessas não cumpridas como oportunidades de ajudar a pessoa tipo "sim" a desenvolver suas habilidades.

Ajuste sua atitude:

Não culpe ninguém: Culpar a pessoa do tipo "sim" a deixará envergonhada, mas não mudará seu comportamento, pois ela prometerá qualquer coisa para se reconciliar com você.

Tenha paciência: Reconheça que a pessoa "sim" é desorganizada e que é incapaz de mudar ou melhorar sem a ajuda de outra pessoa. Uma vez que você a ajude no uso de técnicas de planejamento e organização em seu dia-a-dia, a natureza prestativa da pessoa "sim" a transformará na melhor colaboradora que você possa imaginar.

Ajude com o gerenciamento de tarefas: Peça para o tipo "sim" explicar os pontos básicos do projeto, as tarefas envolvidas e quais são as conseqüências negativas caso as promessas não sejam cumpridas. Ajude-o a planejar as etapas do trabalho e os prazos de execução, estabelecendo um cronograma por escrito.

"Para agradar a todo mundo e evitar confrontos, a pessoa do tipo 'sim' concorda com tudo sem pensar no que está fazendo. Ela reage rapidamente às demandas mais recentes, mas esquece os compromissos anteriores, se sobrecarregando até ficar sem tempo para si mesma. Então, ela acaba ficando ressentida."

TOLERE A PESSOA "TALVEZ"

BUSQUE O MELHOR DA PESSOA "TALVEZ"

As pessoas decididas sabem que cada opção tem um lado positivo e outro negativo, e são capazes de pesar as duas possibilidades para chegar à melhor decisão. As pessoas "talvez", ao contrário, são incapazes de tomar decisões, especialmente quando suas decisões podem afetar os outros e, com isso, elas possam vir a perder sua aprovação.

Dessa forma, elas adiam o momento de decisão, torcendo para que apareça uma solução melhor. Infelizmente, chega uma hora em que já é tarde demais para escolher – a decisão simplesmente se faz.

As pessoas do tipo "talvez" alegam várias razões para não pedir ajuda: não querem incomodar ou deixar os outros ressentidos e, acima de tudo, não querem ser responsáveis por notícias ruins. Para lidar com isso, só mesmo dizendo como e o que elas devem fazer e motivando-as para que tomem suas próprias decisões.

A seguir estão cinco passos para revelar o melhor da pessoa "talvez":

Estabeleça uma zona de conforto. Quando você lida com pessoas cuja intenção principal é *integrar-se ao grupo,* a sua melhor saída é estabelecer uma "zona de conforto" em torno do processo de tomada de decisão. Gaste o tempo que precisar. Reafirme para a pessoa "talvez" que você acredita que os relacionamentos melhoram quando a comunicação é aberta.

Revele os conflitos e esclareça as opções. Explore pacientemente todas as opções e os obstáculos envolvidos em uma decisão. Preste atenção nas palavras de hesitação, como "provavelmente", "pode ser" e "eu também acho que pode ser uma boa idéia...", e encare-as como um sinal de que o assunto precisa ser explorado mais profundamente. Se a pessoa "talvez" está preocupada a respeito de como você reagirá quando ela decidir alguma coisa, deixe-a segura, mostrando que tudo ficará bem e o relacionamento entre vocês não será afetado.

Utilize um processo de tomada de decisão. Se houver um processo que funcione com você, ensine-o à pessoa problemática. Pode ser uma simples lista com prós e contras de cada uma das possibilidades, mas o ato de colocar a lista no papel pode fazer com que a escolha mais forte se torne óbvia.

Reafirme e mantenha-se em contato. Uma vez tomada a decisão, reafirme para a pessoa "talvez" que não há opções perfeitas e que sua escolha foi boa. *Fique em contato* até que a decisão seja implementada.

Fortaleça o relacionamento. Reserve alguns momentos para escutar as preocupações da pessoa "talvez" e ajude-a a aprender a tomar decisões sempre que haja oportunidade. Com paciência, a pessoa "talvez" pode se tornar uma tomadora de decisões das mais seguras.

Ajuste sua atitude:

Não pressione a pessoa "talvez": Irritação, impaciência ou raiva tornarão a decisão ainda mais difícil.

Seja paciente: Se a pessoa do tipo "talvez" se sentir pressionada, não conseguirá relaxar e pensar com calma.

Mantenha a calma: Intensidade e intimidação reforçam o comportamento indeciso. Mesmo que você force a pessoa "talvez" a tomar uma decisão, ela provavelmente mudará de opinião quando encontrar alguém com prioridades diferentes.

"Em momentos de decisão, a pessoa 'talvez' sempre deixa para depois, na esperança de que surja uma escolha melhor. Infelizmente, chega um momento em que já é tarde demais para escolher – a decisão simplesmente se faz."

TOLERE A PESSOA "NADA"

BUSQUE O MELHOR DA PESSOA "NADA"

A pessoa "nada" é passiva, mas pode estar focada na tarefa ou nas pessoas, dependendo da intenção. Quando a intenção de *integrar-se* é ameaçada, a pessoa "nada", que é tímida, tende a recuar, ficando ainda mais passiva. Quando a pessoa "nada" tem a intenção de *fazer a coisa certa* e vê sua busca pela perfeição ameaçada, ela também fica frustrada e bate em retirada, convencida de que nada mudará a situação, não importa o que ela fale ou faça.

Ainda que as pessoas "nada" pareçam evitar conflitos, elas podem, no fundo, ser um caldeirão fervente de hostilidade. O silêncio pode ser a forma agressiva que elas escolheram para se expressar. Sua meta ao lidar com essas pessoas "invisíveis" é quebrar o silêncio e persuadi-las a falar.

Veja os cinco passos para acabar com o silêncio das pessoas "nada":

Reserve tempo suficiente. Para ter sucesso no relacionamento com uma pessoa "nada", você não pode ter pressa. Se estiver tenso e apressado, você acaba imprimindo um ritmo tão intenso que impede a continuidade da conversa. E quanto mais intenso for o seu ritmo, mais a pessoa do tipo "nada" recua rumo ao vazio. Portanto, reserve um tempo e um local para se aproximar dela, não importa quais forem.

Faça perguntas abertas. A melhor pergunta para uma pessoa "nada" é a que não pode ser respondida com um sim, um não ou um grunhido. Já as que começam com quem, o que, onde, quando ou como são ótimas para introduzir tópicos de discussão. Você precisa demonstrar para a outra pessoa, inclusive usando sua linguagem corporal, que está para receber uma resposta. Chamamos isso de "olhar ansioso" – e realmente *funciona*.

Alegre-se. Quando nada mais parece funcionar, um pouco de humor pode ser bastante útil. Falar absurdos, exagerar e supor algo impossível como causa do silêncio já desarmou algumas das mais intransigentes pessoas "nada".

Adivinhe. Se a pessoa "nada" se mantém insensível, tente se colocar no lugar dela, imaginar tudo o que ela viveu e sentiu até então. Comece relacionando rapidamente em voz alta as possíveis causas do silêncio, sejam elas plausíveis ou não. Não importa. Se você acertar a causa ou chegar perto, a pessoa problemática dará o jogo por terminado e quebrará o silêncio. Se a pessoa do tipo "nada" achar que você está encurralado, sem nenhuma pista, ela pode se sentir tentada a contar o que está ocorrendo.

Mostre o futuro. Às vezes, a única maneira de fazer a pessoa "nada" falar é mostrar as conseqüências de seu silêncio. Não faça ameaças vazias, mas seja claro ao apontar os problemas que o comportamento problemático dessa pessoa traz para o projeto ou para o relacionamento entre vocês.

Ajuste sua atitude:

Ande mais devagar: O maior desafio em relação a uma pessoa "nada" está em encontrar o momento certo para interagir com ela. É necessário também estar calmo e relaxado.

Entenda a intenção: A pessoa "nada" pode estar focada na tarefa, quando a intenção é *fazer a coisa certa*, ou focada nas pessoas, quando a intenção é *integrar-se às pessoas*. Determine o que é mais importante.

Evite se enervar: A pessoa "nada" tenta evitar o conflito e a desaprovação. Se ela ficar com raiva, acaba se afundando mais ainda em seu próprio vazio.

"Nenhum feedback verbal, nenhum feedback corporal. Nada. O que mais você pode esperar... da pessoa 'nada'?"

TOLERE A PESSOA "NÃO"

BUSQUE O MELHOR DA PESSOA "NÃO"

A pessoa "não" mantém seu foco nas tarefas, motivada pela intenção de *fazer a coisa certa*, sem erros. A perfeição é o seu lema: quando surgem obstáculos, ela se desespera e passa a ver negatividade em tudo e em todos.

Para lidar com pessoas negativas, você deve evitar ficar procurando falhas e partir para a solução dos problemas. Pode ser impossível interromper completamente a maré de negatividade, mas pode-se pelo menos mudar o seu rumo.

Veja, a seguir, os cinco passos para interagir com uma pessoa do tipo "não".

Deixe fluir. A *pior coisa* que você pode fazer com uma pessoa "não" é tentar convencê-la de que as coisas não são tão ruins quanto ela pensa que são. Deixe-a livre para ser tão negativa quanto quiser.

Use-a a seu favor. As pessoas do tipo "não" são úteis para dois propósitos valiosos em sua vida. Primeiro, elas podem funcionar como um personal trainer para o seu caráter. Para fortalecer os músculos, você deve levantar pesos, mas, se quiser desenvolver uma atitude positiva, precisa agir da mesma forma. Outra utilidade de quem só diz "não" é sua capacidade de antecipação. Em meio a toda aquela negatividade, freqüentemente há muita informação verdadeira. E problemas sérios, que passam despercebidos pelos outros, são rapidamente identificados. Existem empresas que mantêm uma pessoa "não" na diretoria exatamente para analisar os novos projetos. Ela sempre encontra falhas que outras pessoas não reparariam.

Deixe a porta aberta. O ritmo da pessoa "não" é bem diferente do ritmo das outras pessoas. E qualquer esforço para apressá-lo pode, no final das contas, atrasá-lo. O melhor a fazer é dar tempo à pessoa "não" – e deixar a porta aberta para que ela avise quando estiver pronta.

Use o efeito espelho. Às vezes, você pode virar a mesa com a pessoa "não" ao sugerir alternativas negativas antes que ela o faça. Nesses casos, ela pode até reagir positivamente, seja porque a abordagem que você fez a convenceu de que está sendo realista ao tratar do problema ou porque ela é tão negativa que tentará provar que você está errado, mesmo se estiver de acordo.

Agradeça sua boa intenção. Reconheça e destaque o que há de bom no comportamento negativo. Por exemplo: "Obrigado por mostrar os problemas para que nós possamos descobrir as soluçoes" ou "Gostei muito de ver que você quer que tudo saia perfeito". O *Poder de Pigmalião* pode induzir a pessoa "não" a acreditar em tudo isso – e passar a usar sua capacidade analítica de forma mais construtiva e menos problemática.

Ajuste sua atitude:

Mantenha sua perspectiva: Há muitas histórias ruins envolvendo pessoas negativas. Você não precisa saber as circunstâncias, mas tente manter as ações da pessoa "não" em perspectiva.

Seja paciente: Às vezes pode parecer que as mudanças ocorrem a passo de tartaruga. Mas, se você for paciente, há poucas coisas tão gratificantes quanto ver as pessoas abandonarem seu comportamento negativo.

Valorize a pessoa "não": Ela pode trazer pontos de vista interessantes, se você for sábio o suficiente para ignorar sua negatividade. O fato de ela ser exagerada não significa que ela esteja errada.

"Mais mortal para o moral do que
uma bala de fuzil, mais poderosa que
a esperança e capaz de derrotar grandes
idéias apenas com uma frase. Disfarçada
como um ser humano normal, a pessoa
'não' se engaja em uma batalha sem fim
pela inutilidade, pela descrença e pelo desespero."

TOLERE O "RECLAMADOR"

BUSQUE O MELHOR DO "RECLAMADOR"

Ainda que uma reclamação possa ser terapêutica para quem reclama, e útil para quem escuta, o excesso é um poço sem fundo. Essa é a especialidade do "reclamador". Suas queixas e seus protestos estão longe de ser um alívio contra o estresse e raramente têm alguma utilidade. Os "reclamadores" são primos das pessoas "não", no sentido de que suas ações têm origem na intenção de *fazer a coisa certa* e no fato de que ambos gostariam que as coisas fossem diferentes, mas não têm a menor idéia de como isso poderia acontecer. Em vez de agirem, eles se queixam e se lamentam.

Para manter um relacionamento saudável com o "reclamador", você precisa formar um mutirão para resolver os seus problemas. (Se isso não funcionar, sua nova meta será deixá-lo ir embora!) A melhor coisa a fazer é *reduzir a sensação de desamparo*, trabalhando com ele na identificação das soluções.

A seguir, veja os cinco passos para manter uma relação bem-sucedida com uma pessoa do tipo "reclamador":

Escute os pontos principais. Escutar todas as queixas do "reclamador" é provavelmente a última coisa que você pode querer fazer na vida, mas é o primeiro passo crucial. Para demonstrar que está prestando atenção no que ele está dizendo, tome nota dos principais pontos.

Interrompa e seja específico. Assuma o comando da conversa e peça esclarecimentos sobre pontos específicos do problema. Se o "reclamador" não conseguir ser tão detalhista, sugira que ele saia em busca de novas informações.

Direcione o foco para as soluções. Como os "reclamadores" se queixam por meio de generalizações, eles, em geral, não refletem sobre o problema a ponto de imaginar as possíveis soluções. Perguntar qual é a sua queixa pode ser a motivação que faltava para que tomem uma direção inteiramente nova.

Mostre o futuro. Quando as pessoas se sentem desamparadas, é construtivo dar-lhes alguma coisa para sonhar. Ofereça-se para marcar um encontro com a pessoa-alvo de suas queixas ou simplesmente reserve um tempo para discutir o problema. Pode ser proveitoso sugerir um prazo para que o "reclamador" volte a se encontrar com você já trazendo algumas sugestões para resolver o problema.

Estabeleça limites. Se os passos anteriores não tiverem produzido mudanças reais, será preciso estabelecer um limite. Se o "reclamador" embarcar novamente no círculo vicioso de reclamações, mande-o calar a boca. Deixe claro que falar em problemas sem apresentar soluções é perda de tempo para você... e para *qualquer um*.

Ajuste sua atitude:

Não concorde nem discorde do "reclamador": Se você concordar, vai encorajá-lo a continuar se queixando. Se você discordar, ele pode se sentir forçado a repetir seus protestos.

Não tente resolver o problema do "reclamador": Você não conseguirá resolver os problemas dele, a não ser que ele colabore.

Não pergunte ao "reclamador" por que ele se queixa: Ele vai encarar isso como um convite para recomeçar a contar seus problemas desde o início.

"O tipo 'reclamador' se sente desamparado e esmagado por um mundo injusto. O padrão que ele tem é a perfeição e nada ou ninguém conseguirá alcançá-lo. Mas o sofrimento adora companhia, então ele traz seus problemas para você. Como oferecer soluções o torna má companhia, o 'reclamador'aumenta sua lamentação."

ESPERE ATÉ QUE SURJA UM PROBLEMA

DÊ O PRIMEIRO PASSO DE TRÊS AÇÕES

As lições sobre comunicação apresentadas neste livro não têm a pretensão de ser uma solução rápida, mas um caminho para resoluções de longo prazo para o relacionamento humano. Quanto mais demorar a resolver um problema, mais tempo e energia você terá de investir para mudar as coisas.

A partir do momento em que você aplicar os comportamentos e as estratégias sugeridos neste livro, aumentam suas chances de alcançar o sucesso... e alguns insucessos também. Mais importante do que "vencer" ou "perder", porém, é ter mais chances, oportunidades e outras alternativas ao sofrimento. Você agora tem poder para influenciar o futuro, em vez de ser uma vítima das ações dos outros.

As pessoas difíceis fazem parte da vida. Elas existem desde o começo dos tempos, sempre reclamando ou brigando. Mas o comprometimento e a perseverança de cada um de nós permitem reduzir os desentendimentos e eliminar os conflitos que existem no mundo. Sem parecer muito arrogante, é justo dizer que o futuro da humanidade depende de *aprendermos a conviver uns com os outros*, independentemente de nossas diferenças.

Mesmo que você não possa mudar ninguém, sua flexibilidade e seu conhecimento podem ajudar as pessoas a mudarem por si mesmas. Veja algumas ações simples de aplicação imediata:

Seja um comunicador eficaz: Estabeleça a meta de se tornar um comunicador eficaz. Aproveite todas as oportunidades para praticar e aperfeiçoar essa técnica. Preste mais atenção: seja assistindo a um filme ou participando de uma reunião, você descobrirá muitas pessoas que usam bem ou mal as habilidades e estratégias apresentadas neste livro.

Encontre um parceiro de comunicação: Junte-se a pessoas que tenham tanta vontade de aprender quanto você. Compartilhe os recursos (como este livro) para que todos possam conversar de igual para igual. Mais do que quaisquer outras ações, encontros regulares conseguem manter o grupo focado em desenvolver e melhorar suas habilidades.

Valorize suas bênçãos! Se você teve o privilégio de ler este livro, é porque vive em uma situação melhor do que, talvez, 80% da população mundial. Você provavelmente tem casa, comida e convive com pessoas que gostam de você e de quem você gosta. A vida já é bastante difícil sem que você gaste sua energia com preocupações e estresse. Se você se lembrar de agradecer as bênçãos que recebe todos os dias, então terá a força e a concentração necessárias para apreciar o desafio que as pessoas difíceis representam.

"Ainda que não possa mudar as pessoas difíceis,
você pode incentivá-las a mudar a si próprias.
É uma questão de saber como
lidar com elas quando se comportam mal."

"Se você trabalha com pessoas difíceis,
saiba que há uma boa e uma má notícia.
A má é que você trabalha com elas.
A boa é que você tem tempo para estudá-las,
entender seus padrões de comportamento
e planejar uma resposta estratégica."

"Pense que lidar com pessoas problemáticas
é como ir à academia de ginástica – elas exercitam
seus músculos de comunicação. Você pode
não conseguir sempre o que deseja, mas
a força que obtém do esforço pode ser exatamente
o que você precisa para preservar os
relacionamentos importantes para você."

Outros livros da Coleção Desenvolvimento Profissional

Como motivar sua equipe (ANNE BRUCE)

Esse livro apresenta exemplos inspiradores de empresas bem-sucedidas e suas estratégias orientadas para resultados. A idéia é estimular você a colocar em prática esses ensinamentos para extrair as melhores qualidades e habilidades das pessoas. Essas estratégias agregam valor tanto para a empresa quanto para os executivos que lideraram o processo.

Como ser um vendedor de sucesso (LINDA RICHARDSON)

Com esse programa de seis passos que ensina a escutar os clientes e a descobrir quais são as suas necessidades, você vai aprender a agregar valor, a apresentar novos enfoques e a mostrar que o seu produto ou serviço atende, com rapidez e regularidade, a demandas específicas.

O manual do novo gerente (MOREY STETTNER)

Esse livro fornece valiosas sugestões para que você se integre à sua equipe enquanto a estimula a conquistar resultados surpreendentes. Como um gerente no competitivo ambiente de trabalho dos dias de hoje, você enfrentará desafios e testes diariamente. Dê a si mesmo a oportunidade de ser bem-sucedido e aprenda como conquistar o respeito tanto de seus colaboradores quanto de seus supervisores.

Outras sugestões de leitura

O monge e o executivo, de James C. Hunter
Como se tornar um líder servidor, de James C. Hunter
Seis fundamentos do sucesso profissional, de Stuart R. Levine
Seu balde está cheio?, de Tom Rath e Donald O. Clifton
Você é mais capaz do que pensa, de Jonh G. Miller
Preciso saber se estou indo bem!, de Richard L. Williams
Faça o que tem de ser feito, de Bob Nelson
A Boa Sorte, de Álex Rovira e Fernando Trías de Bes
O ritmo da vida, de Matthew Kelly
Shackleton – Uma lição de coragem, de Margot Morrell e Stephanie Capparell
100 segredos das pessoas de sucesso, de David Niven
Ioga no trabalho, de Darren Zeer
A hora da verdade, de Jan Carlzon
O homem que confundiu seu trabalho com a vida, de Jonathon Lazear
As 5 melhores maneiras de se conseguir um emprego, de Richard Bolles
Princípios essenciais das pessoas altamente eficazes, de Stephen R. Coven
Jesus, o maior líder que já existiu, de Laurie Beth Jones

Informações sobre os próximos lançamentos

Para receber informações sobre os lançamentos da EDITORA SEXTANTE, basta enviar um e-mail para atendimento@esextante.com.br ou cadastrar-se diretamente no site www.sextante.com.br

Para saber mais sobre nossos títulos e autores, e enviar seus comentários sobre este livro, visite o nosso site: www.sextante.com.br

EDITORA SEXTANTE
Rua Voluntários da Pátria, 45 – Gr. 1.404 – Botafogo
22270-000 – Rio de Janeiro – RJ
Tel.: (21) 2286-9944 – Fax: (21) 2286-9244
E-mail: atendimento@esextante.com.br
www.sextante.com.br